Mein schreibendes Herz

Alltagspoesie

CHRISTINA TERLE

Mein schreibendes Herz

Alltagspoesie

Bibliografische Information der Deutschen Nationalbibliothek: Die Deutsche Nationalbibliothek verzeichnet diese Publikation in der Deutschen Nationalbibliografie; detaillierte bibliografische Daten sind im Internet über dnb.dnb.de abrufbar.

Herstellung und Verlag: BoD – Books on Demand, Norderstedt

ISBN: 9783755713623

Erstauflage November 2021

Zeichnungen: Christina Terle

Umschlaggestaltung: Christina Terle / Romina Zenz

Inhalt

II

Leben in Versform

Die Kunst weckt die Erinnerung

an die Magie in jedem von uns.

Die Künstlerin ist Wandlerin

zwischen den Welten,

ihre Leistung ist abzugelten.

Daraus schöpft sie Schaffenskraft,

um dich stetig in die Tiefe zu winken

und daran zu erinnern,

in die Magie zu sinken.

Weil Papier geduldig ist,

schreib` ich ein Gedicht

jedes Mal, wenn mich mein Kopf plagt,

mein Verstand nach dem Warum fragt

und meine Seele am liebsten ausbüxen mag.

Dann setze ich mich hin

und mach schreibend Mut,

denn das ist's,

was eine Dichterin tut.

Manche Gedichte schreibe ich.

Andere wiederum werden einfach

durch mich geschrieben.

Ziel ist es, immer mehr

durch mich schreiben zu lassen.

Federleicht

Ungesagtes

wird zu Geschriebenem.

Ungefühltes

wird zu Geschriebenen.

Ungeliebtes

wird zu Geschriebenem.

Unmögliches

wird zu Geschriebenem

Ich fürchte mich nicht vor dem

Ungesagten

Ungefühlten

Ungeliebten

Unmöglichen.

Denn das Schreiben

verleiht dem Ungesagten eine Stimme,

es öffnet das Herz für das Ungefühlte,

hilft Ungeliebtes zu integrieren

und Unmögliches zu verwirklichen.

...

...

Ich fürchte mich nicht vor dem

Ungesagten,

dem Ungefühlten,

dem Ungeliebten,

dem Unmöglichen,

solange es durch mich auf Papier fließt.

Meine Angst gilt dem Ungeschriebenen.

Denn es beherbergt jenen Teil von mir,

der nicht mal einem Blatt Papier

sein Vertrauen schenkt.

Die Weisheit in mir,

schlummert auch in dir.

Ich versuch sie auf's Papier zu bringen.

Vielleicht möchtest du sie

in die Welt hinaussingen?

Oder womöglich bist du besser

mit Pinsel und Farben.

Komm` lass uns ausdrücken

unsere Gaben.

Gaben hast du bekommen,

um damit zu geben.

Eine stürmische und regnerische Nacht

ist für Künstler wie gemacht.

sie wäscht den Kopf rein

und lädt die Kreativität ein.

Wir können einander inspirieren

und gegenseitig Grenzen aufzeigen

doch schlussendlich muss sich

jeder selbst befreien.

In mir ein ganzes Universum.

Ich bin so Vieles

und doch

allzeit Eins.

Kreativität entsteht

indem man

Kreativität lebt.

Ich bin ich

Tiger tiger I can see you.

Tiger tiger I don't fear you.

Tiger tiger you and me

have the power

through the night to see.

Je leichter es dir fällt

in den Schuhen anderer zu gehen,

desto öfter solltest du barfuß sein.

Wenn die einzigen Länder,

die ich von nun an bereise,

Seelenlandschaften sind,

die einzige Sprache,

die ich noch erlerne,

jene des Herzens ist,

und die einzige Brücke,

die ich schlage,

jene zwischen Idee und Realität ist,

dann führe ich wahrlich ein erfülltes Leben.

Ein kleiner Vogel
fliegt aus dem Nest,
zu jung zu überleben
als er es verlässt.

Ein junges Mädchen
zum ersten Mal verliebt,
zu idealistisch,
die Enttäuschung ein Hieb.

Ein kleines Kind
wächst auf geborgen,
das Gefühl von Zuhause
plötzlich verloren.

Sich noch einmal verletzlich geben.
Besser nicht.
...

...

Doch ein ummauertes Herz?

Ohne Liebe und Licht?

Den Mut zu finden,

es noch mal zu riskieren.

Die Türe aufzumachen,

vielleicht alles zu verlieren?

Die Antwort ist JA!

Zumindest im Moment.

Mach` auf mein Herz.

Spür` wie es brennt.

Dezemberkind -

stark und kraftvoll

machten dich Kälte und Wind.

Darum ist für dich die Winterzeit

Raum für Seelenschau und Gemütlichkeit.

Erblickst die Schatten in dir

im Verborgenen der Dunkelheit ,

öffnest du die Herzenstür.

Prüfst eindringlich,

was darf bestehen.

Ist manches dabei,

das darf auch gehen.

Die Klänge der Stille flüstern sacht

Du bist gut vorbereitet auf die Jahresnacht.

Ich tausche Kontrolle gegen Intuition

und bin überzeugt, dass es sich lohnt.

Intuition leitet mich zu

Liebe

Fülle

Glück

Kontrolle hält mich zur Vorsicht zurück.

Intuition ist eine Qualität,

die im Herzen entsteht

mit Kontrolle stehe ich mir

oft selbst im Weg.

Ich tausche Kontrolle gegen Intuition

und spüre die Wahrheit, dass es sich lohnt.

Ein „pass auf dich auf" zum Abschied.

Vielleicht bin ich nicht die Art Mädchen dafür.

Ein „du wirst beschützt" als Erinnerung,

jedoch wünsch' auch ich mir.

Gini in der Flasche vergisst,

dass es ihre Magie ist,

die für andere Wunder kreiert,

und für andere Wünsche manifestiert.

Gini verlässt die Flasche,

auch wenn sie andere damit überraschte.

Ihre Magie setzt sie jetzt für sich ein

und tanzt im Sonnen- und im Mondenschein.

Wir können nicht

nicht lieben

Haben wir da Oben was vereinbart

du und ich?

Kannst du dich erinnern?

Ich tu es nicht.

Doch du weckst ein Gefühl

von Vertrautheit in mir.

Dessen Ursprung viel älter scheint

als unsere Zeit hier.

Ein Kuss auf die Stirn,

ist ein Versprechen.

Eines von jenen

unmöglich zu brechen.

Es ist ein Klopfen an die Seelentür.

Die Seele?

Ein Stück vom Himmel,

das schlummert in dir und mir.

Durchschreitest du erst diese Pforte,

gelangst du an gut verborgene Orte,

und hast du sie erst einmal gesehen,

kannst du nicht mehr so einfach gehen.

Darum sei dir stets gewiss,

ob ein Kuss auf die Stirn angemessen ist.

Diamanten,

die sich gegenseitig schleifen.

Begegnungen,

um uns selbst besser zu begreifen.

Abschiede,

damit unsere Seelen reifen.

Du bist mein Typ Mensch.

Woher ich das weiß?

Weil mein Herz springt,

wenn ich dich sehe,

und stockt,

wenn ich an dir vorüber gehe.

Unsere Begegnung

vergleichbar mit einer Sternschnuppe.

Zauberhaft und flüchtig.

So dass man sich schlussendlich

gar nicht sicher ist,

ob man sie wirklich sah,

ob es wirklich geschah.

Manchmal suche ich noch

dein Gesicht in der Masse.

Kaum zu beschreiben,

wie sehr ich das hasse.

Doch dann denke ich zurück

und mir wird bewusst,

wir hatten Glück,

dass wir nun getrennte Wege gehen,

denn wir würden uns bis heute

nicht verstehen.

All die Plätze,

an denen Erinnerungen

dieser Sommerliebe kleben

werden nun reingespült

vom Herbstregen

und schlussendlich sind es wieder

neutrale Plätze

jener großen Stadt,

in der jeder von uns beiden

seine Existenzberechtigung hat.

Dein Gesicht brannte sich

so schnell in mein Gedächtnis,

schlussendlich blieb im Herzen

kein einz'ger Abdruck

als Vermächtnis.

Welchen Körper

hat sich deine Seele gesucht

in diesem Leben.

Hast du sichergestellt,

dass wir uns wiedersehen?

Werden wir uns erkennen?

Ohne uns beim Namen zu nennen?

Haben wir genügend Zeit,

um sie gemeinsam zu verbringen?

Wird uns ein gemeinsames Leben gelingen?

Ich muss dir meine größte Angst gestehen,

dich unberührt an mir vorüber gehen zu sehen.

Erinnerst du dich nicht an unseren Pakt?

Zwei Herzen, die schlagen im selben Takt.

Mach' die Augen zu und schlaf nun ein,

lass mich heute Nacht dein Schutzengel sein.

ich wache über dir, lass' dir nichts geschehen,

bist frei in deinen Träumen spazieren zu gehen.

Ruh' dich gut aus, entspanne dich,

es warten neue Abenteuer bei Tageslicht.

Ich hab' dich lieb mein Engel,

das sag ich oft.

Nicht um es dir zu bestätigen.

Nicht um es mir zu bestätigen.

Sondern um dem Gefühl Ausdruck zu verleihen,

das mich überkommen, wenn ich dich sehe.

Ein Geheimnis wird nicht leichter,

wenn du es teilst.

Die Last verdoppelt sich,

das ist der Preis.

Ist wohl eins

der schönsten Geschenke überhaupt,

jemand zu haben, der dir erlaubt

deine Geheimnisse gemeinsam zu wahren.

Auch jene aus dunklen Tagen.

Und doch solltest du es niemals wagen

ein Geheimnis zu teilen,

ohne dich vorher zu fragen,

ob der andere bereit ist,

es mit dir zu tragen.

Kannst nicht vorsichtig durchs Leben gehen

aus Angst dich anzulehnen.

Mit der Spur deiner Füße

ein Abdruck entsteht

mit jeder Bewegung auf jedem Weg.

Kannst nur achtsam durchs Leben schreiten,

die Einladung offen, dich zu begleiten

ein kleines oder ein längeres Stück,

vielleicht streift den Weg eine Brise Glück.

Das Vertraute nistet dort,

wo Zuneigung entsteht.

Gute Bedingungen

für zwei ganze Halbe

am Weg.

Zwischen all den Wolkenschichten

schreiben wir Liebesgeschichten,

denn es ist noch kein Paar

auf Wolke Nummer Sieben geblieben.

Ich habe keine Schmetterlinge im Bauch

wenn ich dich sehe,

sondern ein

KOALABÄRENUMARMUNGSGEFÜHL.

Es braucht nicht immer ein Feuerwerk.

Manchmal ist es eine Sternschnuppe,

die dir sagt, dass es Liebe ist.

Lieben ohne Brauchen

Lieben ohne Besitzen

Lieben ohne Benutzen

Lieben der Liebe willen.

Deine Gefühle dürfen

wie ein Pendel ausschlagen,

doch möge es dir gelingen

immer wieder in deine Mitte zu finden.

Wachstum

Wachstum

Über mich hinauswachsen.

In mich hineinwachsen.

Zu meinem wahren Selbst heranwachsen.

Mit meiner Essenz verwachsen.

Meinem Ego entwachsen.

In die Dunkelheit wachsen.

Wurzeln, die sprießen.

Ans Licht wachsen.

Flügel, die sich entfalten.

Wachstum.

Diejenigen,

die verstanden haben,

dass sie

nie fertig werden,

sind näher

an der Ganzwerdung

als jene,

die denken,

fertig zu sein.

Es ist OK

ist der Zauberspruch,

der die Tür

für Leichtigkeit öffnet.

Hör' auf die Hintergrundmusik,

den Rhythmus des Atems

das Trommeln des Herzens

um den Takt des Lebens zu folgen.

Werde dir deiner

BeGEISTerung

bewusst

und du trittst

in Kontakt

mit deinem Spirit.

Nach all den Malen

müsste es mir leichter fallen.

Wahrlich.

Abschied und Neubeginn

darin bin ich Meisterin.

Eigentlich.

Doch es ist jedes Mal aufs Neue

ein Cocktail aus Gefühlen.

Jedoch ohne Reue.

...

...

Dem Ruf des Herzens folgen

im Vertrauen,

dass wahre Freundschaften länderübergreifende

Brücken bauen.

Zwischen all dem

Sein und Werden,

zwischen all den

Umbruchsbergen,

bin ICH.

Einfach nur ICH.

Immer wieder ICH.

Wenn Alles nichts ist.

Suche.

Wenn Nichts alles ist.

Zuhause.

Die Gewissheit zu haben,

wie ich sie schon einmal hatte.

Ohne Zweifel, ohne Fragen

eine Entscheidung aus dem Herzen wagen.

Doch Zeit und Erfahrung

haben Ängste geschürt.

Die Stimmen im Kopf

unberechtigte Warnung

oder stille Ahnung?

Könnte der Verstand nur kurz schweigen

und die Aufmerksamkeit länger

im Herzen bleiben.

Zigeunerseele

flüstert leise,

es ist Zeit

für eine weitere Reise.

Du kennst die Menschen.

Du kennst den Ort.

Es ist Zeit,

s'zieht dich wieder fort.

Du trägst die Heimat in dir.

Wandel ist

dein Lebenselixier.

Certain memories are like ghosts

haunting our innocent souls.

Waking us from the sweetest dreams.

Reminding us

that life was not always

as good as it seems.

Invite the ghost, revisit the past.

Listen to their stories.

Proof their stories.

Make peace with the memories.

Redream your sweetest dreams.

Allowing your life

to be as good as it can be.

Lass die Fragen in dich hineinsickern,

damit die Antworten aus dir herausfließen.

Wenn du mit dem Ergebnis einer Sache

nicht zufrieden bist,

liegt es entweder an einem Mangel an Klarheit

oder einem Überschuss an Kontrolle.

Sobald du hingebungsvolle Klarheit und

klare Hingabe verkörperst,

wird es keinen Grund mehr geben

mit dem Ergebnis unzufrieden zu sein.

Denn entweder wird es so wie du es wolltest, weil du es

klar kommuniziert hast,

oder es wird nicht so wie du es wolltest

und du erkennst das Geschenk darin.

Antworte nie mit einem „um zu"

auf eine „wofür" Frage.

Kreationen möchten

keine Nutzgegenstände sein.

Antworte auf eine „wofür" Frage

immer mit „für".

Für mich.

Für die Liebe.

Für die Fülle.

Für den Frieden.

Denn Kreationen möchten Geschenke sein.

Wer bist du,

wenn du niemand mehr sein musst?

Niemand.

Denn niemand

kennt die Antworten

auf alle Fragen.

Meditation ist manchmal wie

Bullshit-Bingo.

Wenn du wieder eine Reihe

an Gedanken erkennst,

die dich begrenzen,

darf eine weitere Limitierung gehen.

Dankbarkeit ist,

wenn das Herz

in Frieden empfängt

und zugleich

segnet.

Die Notwendigkeit

die Balance zu halten,

schwindet in dem Moment,

in dem dir bewusst wird,

dass alles eins ist.

Es wird bunt.

Wie die Blätter sich im Wind bewegen,

will ich Veränderung

in meinem Leben sehen.

Und habe ich eine Bitte frei,

dann wünsch` ich mir

wenn alles neu beginnt,

keinen Sturm,

sondern einen leichten Herbstwind.

It's just a city they said.
But I am the kind of person
that falls in love with cities.

And every time I leave
a piece of me stays.

What a nice thought.
In the end there will be
pieces of me all over
while I find home within me.

Die Art für dich selbst Liebe zu zeigen

findest du im Schweigen.

Zuerst braucht es Wille.

Dann Rückzug der Sinne.

Und schließlich

Hingabe an die Stille.

Ich verwirkliche noch meine Kindheitsträume,

kreiere mein Leben mit Herzensfreude.

Ist das für dich unbequem?

So sollten wir getrennte Wege gehen.

Die Welt mit offenem Herzen zu sehen

ist das eine,

dein offenes Herz die Welt sehen zu lassen

nochmal was ganz anderes.

Es ist in der Dunkelheit,

in der die Grenze

zwischen Kopf und Herz fällt,

wie zwischen Himmel und Erde

und es scheint, als ob alles eins wäre.

Das Licht kann sein eigenes Licht nicht erfahren,

nur die Dunkelheit

kann sein Strahlen offenbaren.

Die Stille, die spricht.

Ein Lächeln, das bricht.

Den Damm

zwischen dir und mir,

schließlich sind wir gemeinsam hier

auf der Reise namens Leben.

Haben überstanden schon so manches Beben.

Doch nun ist es Zeit.

Bist du breit?

Für das nächste Level der Menschlichkeit.

Heute haben wir das Privileg

unsere Potenziale zu erkennen,

können karmische Verbindungen trennen.

Müssen unsere Ängste nicht mehr untergraben

und dürfen wählen,

welchen Weg wir einschlagen.

Es ist einfacher und schneller

seinen Standort

zu wechseln

als seinen Standpunkt.

Ein Gute-Nacht-Danke

statt ein Gute-Nacht-Gedanke.

Den Kampf zu beenden scheint so leicht.

Doch frage ich mich, was dann noch bleibt.

Von mir,

meinen Zielen

und den Werten,

wenn ich alles annehme

ohne zu bewerten.

Wenn unsere Wurzeln Flügel bekommen,

was erdet uns dann noch?

Du fürchtest dich vorm Wind,

weil die Luft plötzlich singt.

Ich sage, es ist alles gut,

hoffe, ich mache dir so Mut.

Doch dann sehe ich

du fürchtest nicht den Wind,

sondern das Unbekannte, das singt.

Und ich verstehe es plötzlich so gut

und weiß, für das Unbekannte

braucht es mehr als Mut.

Meditieren

um das höchste Wohl zu manifestieren,

nicht jedoch, um die göttliche Weisheit zu manipulieren.

Ballast abwerfen

um minimalistisch zu leben

und so der Fülle, den Weg zu ebnen.

Innenschau

um den Nebel zu durchdringen

und für das Außen Klarheit zu gewinnen.

EigenverANTWORTUNG

bedeutet eigenständig

die Antwort auf deine Fragen

in dir zu finden.

Ein flüchtiger Moment

entsteht dadurch,

dass die Chance auf eine großartige Zeit

in die Flucht geschlagen wurde.

Es ist der Wille

der bringt die Fülle.

Wenn du nur Frieden schließt

mit all den Malen,

als man dir sagte,

man kann nicht alles haben.

Wenn du deinen inneren Ruf nicht hörst,

kommt es vielleicht daher,

dass es kein Rufen im ursprünglichen Sinne ist,

sondern vielmehr das Flüstern

eines Geheimnisses,

welches du nur in der Stille

wahrnehmen kannst.

Ausdehnung der Zeit,

durch Achtsamkeit,

die den Geist befreit.

Öffnung des Herzens,

durch Achtsamkeit,

die die Illusion aufdeckt

von Kummer und Leid.

Stärkung des Körpers

durch Achtsamkeit,

die erkennen lässt,

was nährt und heilt.

Wertschätzung der anderen,

durch Achtsamkeit,

denn das wertvollste

ist die gemeinsame Zeit.

...

...

Selbstliebe,

durch Achtsamkeit,

die so kraftvoll ist,

dass sie die eigene Lebensgeschichte

neu schreibt.

All experiences

I embrace them

The labels

good or bad

I erase them

I acknowledge

who I became

No more pride

No more shame

Glaube an die Magie

Wir haben aufgehört an Märchen zu glauben,

schon lange keine Zeit mehr

Gutenachtgeschichten zu lauschen.

Haben uns bemüht,

die Magie zu vertreiben.

Vergessen,

dass wir unsere Heldengeschichten

selber schreiben.

Es ist bereits so gewöhnlich besonders zu sein.

Deshalb sei besonders ungewöhnlich,

indem du einfach nur bist.

Ich hab' schon lang nicht mehr an dich gedacht,

gut vergessen,

dass da jemand über mich wacht.

Ich hab' schon lang nicht mehr angeklopft,

ein Weilchen nicht auf Wunder gehofft.

Eine Zeit glaubte ich,

ich glaube nicht,

glaube nicht an dich,

glaubst du denn noch an mich?

Ein stiller wortloser Segen

für all das Geben und all das Nehmen.

Während es mehr werden

an Jahresringen,

die Erinnerungsanker

unserer Kindheit schwinden.

Einst bekannte Gesichter

unter Falten begraben,

der morsche Ast,

kann die Schaukel nicht mehr tragen.

Weite Felder von Neubauten verdeckt,

die Lieblingsmehlspeise,

die einfach nicht mehr so schmeckt.

Nun ist es an uns,

sich ohne Anker zu erinnern

und das Gefühl zu bewahren

im eigenen Inneren.

Von Sternenstaub zu Sternenstaub

wünsch` ich dir,

dass deine Dunkelheit

dir nicht den Schlaf raubt.

Von Sternenstaub zu Sternenstaub

Wünsch` ich dir,

dass dein Schatten

nicht beugt dein Haupt.

Von Sternenstaub zu Sternenstub

Mögest du mit beiden Freundschaft schließen

und dein Leben aus einer Spirale

von Licht und Schatten genießen.

Ein Atemzug.

Ein Augenblick.

Ein Herzschlag.

Großes kann in einem einzigen Moment geschehen.

Heimat.

Mehr als ein Ort.

Ein Seelenwort.

Kommt aus dem Inneren

und im Inneren blüht es wieder auf.

Ein „Danke"

aus dem Kopf

mit etwas Erziehung und Manieren

rollt leicht über die Lippen.

Doch ein „Danke"

gefühlt im Herzen,

wissend, dass nichts selbstverständlich ist,

vermehrt die alltägliche Zufriedenheit.

Die Stille

ist die Muttersprache Gottes,

der Atem

ihre weltliche Frequenz.

Der Atem

als unsichtbarer, stiller Fährmann

zwischen Außen- und Innenwelt

begleitet er mich,

ohne ihn da wäre ich nicht.

Stille und Atem

Schlüssel und Schloss

zum Raum wo alle Antworten warten.

Der Himmel beherbergt tausend Sterne.

Die Erde ist Schauplatz

tausender Menschenleben.

Zwei unabhängige Gastgeber.

So meint man.

Doch in Wahrheit ist

jedes Leben menschgewordener Sternenstaub

und jeder Stern menschliche Erinnerung.

Sich die Zeit zu nehmen,

Wolkenbilder zu sehen.

Wann hast du das zum letzten Mal gemacht?

Den Blick immer starr zu Boden gerichtet

kannst du nicht erwarten,

dass sich die Sorgenwolke lichtet.

Kannst du mir erklären,

warum wir die Dunkelheit fürchten,

wenn es der Ort ist,

von dem alles kommt.

Die Sonne am Morgen.

Die Pflanzen im Frühling.

Der Mensch am ersten seiner Tage.

Kannst du mir erklären,

warum wir die Dunkelheit fürchten,

wenn es der Ort ist,

wohin alles geht.

Die Sonne am Abend.

Die Pflanzen im Winter.

Der Mensch am letzten seiner Tage.

Kannst du mir sagen,

warum wir die Dunkelheit fürchten,

wenn es der Ort ist,

woher alles kommt und wohin alles geht.

Ich mag Menschen mit Visionen und Herz

Verstand müssen sie nicht haben.

Denn Verstand zu haben,

bedeutet zu verstehen.

Doch für Visionen mit Herz

braucht es Unverständnis.

Die Natur
ist meine Heimat

Wäre es nicht schön,

des Nachts am Mond

spazieren zu gehen.

Wir würden die Welt

von oben betrachten

und könnten über so

manches Problem lachen.

Ein Teppich aus Wolken,

der mich fängt.

Bruder Stern,

der mich lenkt.

Großmutter Mond,

die erzählt,

von der Reise

auf die Vater Sonne geht.

Oh Friede der Nacht,

trete ein,

lass mich ein Weilchen

dein Gastgeber sein.

There is a rose within you

that never dies.

A rose unseen

by human eyes.

This rose flourishes

in the darkness

and is the purest sign

of goodness.

Die Stimmen des Meeres flüstern leise,

Welle für Welle machen sie sich auf die Reise,

und ziehen in jedem Herzen Kreise.

So wird die Sehnsucht erweckt,

die Freiheit in uns wiederentdeckt

und wir stellen uns die Frage,

nach unseres Lebens Zweck.

Pacha Mama

Mutter aller.

Sie ist das Zuhause,

das niemals vergeht.

Sie ist die Liebe,

die ewig besteht.

Sie hält, schützt, nährt

ohne zu erwarten,

dass man sie dafür ehrt.

Pacha Mama

Mutter aller.

Das Meer tut meiner Seele gut.

Welle für Welle

schwindet die Staubschicht.

Ich hatte keine Ahnung, dass Staub so schwer wiegen

kann.

Blank gespült.

Bekomme ich Antworten

auf ungestellte Fragen.

Ehrlich und rau.

Sie gefallen nicht immer.

Aber das ist auch nicht ihre Intention.

Langsam macht sich eine Weite breit

Und es entsteht das Bewusstsein:

Da ist so viel Platz.

Platz der gefüllt werden möchte

bevor er wieder unter der Staubschicht verschwindet.

Der Ozean entschuldigt sich nicht für seine Tiefe.

Nicht für das Tosen der Wellen.

Nicht für Ebbe. Nicht für Flut.

Nicht für die Klarheit seines Wassers

und schon gar nicht für den Salzgehalt darin.

Der Ozean entschuldigt sich nicht dafür, wie er ist.

Ich auch nicht.

Ich entschuldige mich nicht für meine Tiefe.

Nicht für meine Worte.

Nicht für Mangel. Nicht für Fülle.

Nicht für Klarheit und schon gar nicht für Tränen.

Ich entschuldige mich nicht dafür, wie ich bin,

der Ozean tut das auch nicht.

She talks to the moon

and praises the plants.

She calls animals her friends.

She sees more when her eyes are closed.

She is a wild woman

telling her truth.

She is me

and

she is you.

If only we listen to her calling inside

awakening our wisdom

walking towards the light.

Gleiten wir barfuß

durch den Schnee,

wie Pinsel auf weißer Leinwand.

So zeigen wir Mutter Erde

das Gemälde

unserer sehnlichsten Wünsche.

Ich fürchte weder Sturm noch Donner.

Es sind die wolkenlosen Mitsommertage,

die ein Gefühl von Misstrauen wecken.

Die Mondin klagt nicht

über ihre verschiedenen Phasen.

Warum tust du es?

Alter Freund.

Ich kenne deine Pfade,

hab' sie besucht so manche Tage,

zu jeder Jahreszeit,

in jeder emotionalen Lage,

warst du bereit

aufzuwarten mit Gastfreundlichkeit.

Zum Abschied lassen wir dir

unvergängliche Abdrücke hier.

An den Wienerwald.

Des Himmels Leinwand ganz versteckt

von Nebelschwaden zugedeckt

so scheint doch ein Licht klar

Tag um Tag – Jahr um Jahr.

Er weist uns Suchenden den Weg.

Ich schließ dich ein ins abendliche Gebet.

Nordstern, du treuer Himmelsdiener

dein Antlitz erinnert mich wieder

an das Licht das in mir ist

auch wenn der Nebel mich zerfrisst.

Die volle Mondin hält mich wach,

das Herz liegt schwer in jener Nacht.

Der Wunsch ist da.

Die Angst ist groß.

Ach Liebe, warum so gnadenlos?

Mondkinder du und ich

meiden das helle Sonnenlicht.

Erkunden ,was bislang verborgen.

Machen uns oft unnötig Sorgen,

lieben es in die Tiefe zu tauchen,

einen Sinn im Leben zu brauchen.

Die Mondin lehrt uns

in jeder Phase unseres Seins

gleich hell zu halten unseren Schein.

Auf jede Flut folgt wieder Ebbe

auf Durststrecken eine Glückswelle

Mondkinder ich und du

laufen auf unser Schicksal zu.

Weisheit auf vier Pfoten

Möge mein Herz deinen Pfoten folgen,

so dass meine Gedanken nicht Schritt halten können.

Wenn du in die Augen eines Menschen schaust,

erhaschst du vielleicht einen Blick

in seine Seele.

Wenn du jedoch in die Augen

eines Tieres blickst,

siehst du unweigerlich das Spiegelbild

deiner eigenen Seele.

Bist der Spiegel meiner Seele.

Die Antwort auf meine Fragen.

Der Wegweiser in meinem Leben.

All meine Liebe zum Dank

ist was ich dir im Gegenzug kann geben.

Mein Alptraumwächter in dunkler Nacht

und am Tag holst du mich zurück ins Hier.

Ich bin ein Stadtmädchen.

Zumindest dacht' ich das,

bist du in mein Leben tratst.

Jetzt will ich abends die Sterne sehen,

wenn wir miteinander spazieren gehen

Du bist dieses Blickes mächtig,

der kann mich durchbohren.

Sieht alle Sorgen.

Nichts bleibt dir verborgen.

Versuch` ich's noch so gut zu verstecken,

mit deinem Gespür wirst du es entdecken.

Darum muss auch ich

meine Dämonen konfrontieren.

Bin mir sicher, mit dir an meiner Seite

kann mir rein gar nichts passieren.

Es ist der Duft von Sorgen,

den du manchmal an mir riechst.

Er bleibt dir nicht verborgen,

weil du ein Gefühle-Scanner bist.

Dann kräuselst du die Nase,

deine Augen ruhen auf mir.

Befreist mich aus der Blase,

weil du mehr bist als nur ein Tier.

Familie und Freunde

136

Die einzige zwischenmenschliche Situation

in der Druck nötig ist,

ist eine Umarmung.

Vielleicht liegt es daran,

dass man von draußen meint,

dass in anderen Häusern

das Licht heller scheint.

Vielleicht liegt es daran,

dass man gesellschaftlich glaubt,

Besuche seien nur

mit Einladung erlaubt.

Vielleicht liegt es daran,

dass man heutzutage denkt,

dass ein zusätzlicher Platz

die Zumutbarkeit sprengt.

...

...

Doch ein großes Haus

ist noch lange kein Zuhaus.

Und ausreichend Platz

schafft noch keine Gastfreundschaft.

Zudem muss man sich nicht stressen

mit einem aufwendigen Essen.

Ich erinnere mich an eine Zeit

da war Gastfreundlichkeit

das Selbstverständlichste

der Welt.

Ein Gespräch

bei dem dir jemand etwas über SICH erzählt,

und du dabei so viel über DICH erfährst,

das ist

Kommunikation auf Seelenebene.

Für meinen Bruder

Ein alter Kirschbaum,
der schon lang nicht mehr steht.
Eine Wohnung mit vier Räumen
nicht mehr belebt
Eine Kiste voll Bücher
längst schon verstaubt.
Einen Setzkasten mit Souvenirs,
den gab es auch.
Alles vergänglich,
nichts ist mehr hier.
Doch die Erinnerung
teil ich mit dir.

Du bist der Teil meiner Kindheit,
der niemals vergeht.
Du erinnerst mich daran,
wie träumen geht.

...

...

Bist ein Stück meiner heilen Welt,

nichts trennt das Band,

weder Sorgen noch Geld.

Ich hoffe, dass so wie du für mich

ich auch für dich,

eine Erinnerung an Kindheit bin.

Dein unendliches Vertrauen,

deine Gabe,

Brücken zu bauen.

Die Leichtigkeit,

in die du deine alte Seele hüllst,

die Liebe,

mit der du dein Leben füllst.

Das sind nur einige der Sachen,

die dich

zu einem großartigen Menschen machen.

Ich weiß,

du brauchst den Reminder nicht,

aber ich möchte dir sagen:

Ich sehe dich.

Haben uns dasselbe Nest geteilt,

zu sagen wir waren immer einer Meinung,

verbietet die Ehrlichkeit.

Gehen mit denselben Werten durchs Leben.

Hält sich immer die Waage

unser Geben und Nehmen.

Doch nun habe ich das Gefühl

du fliegst nach Norden

und ich nach Süden.

Scheint fast,

als sei nur die Erinnerung

an das geteilte Nest geblieben.

Nachrichten,

schlecht und gut,

oder brauche ich einfach mal Mut

mit dir zu sprechen,

lässt mich erkennen,

dass auch die dicksten Wolkendecken

irgendwann brechen.

Ob wir es sehen oder nicht,

für uns scheint immer ein Licht.

Für meine Eltern

Die Tür steht immer offen,
habt ihr gesagt,
kein Scheitern zu groß
als dass man nicht
nach Hause kommen vermag.
Diese Gewissheit habt ihr mir gegeben
und sie ließ mich so manches Beben überstehen.
Habt mich zu einem Menschen
mit Werten erzogen,
ich hab sie behalten,
war das Umfeld auch noch so verlogen.
Ihr habt euer Bestes getan
und es war mehr als gut genug,
das wollt ich euch mal sagen.

Manchmal schießen

die Worte aus meinem Mund

schneller als Kugeln

aus dem Pistolenschlund.

Doch du verzeihst mir

meine böse Zunge,

siehst auch in der dunkelsten Zeit

meinen schönen Funke.

Dein Vertrauen in mich

ließ mich fliegen,

die Welt entdecken

und meinen Horizont erstrecken.

Dein Vertrauen in mich,

erlaubte mir zu fallen,

der Dunkelheit zu begegnen

und mich erneut zu erheben.

Dein Vertrauen in mich

Ist wie ein unermüdlicher Funke,

der in mir sprüht,

Tag ein Tag aus,

in jeder Stunde.

Für Mama

Als Kind erschien mir vieles größer,
manches vielleicht auch luxuriöser.
Nur deine Größe erfasste
ich erst als Erwachs'ne.

Heute denkst du oft nach,
was richtig und was falsch gemacht.
Doch Perfektion, Mama
ist eine Illusion.

Jede unperfekte Tat,
jeder gut gemeinte Rat,
macht rückblickend doch irgendwie Sinn.

Auch wenn du nicht einverstanden warst,
versuchtest du es zu verstehen,
das erleichterte uns Kindern,
unseren Weg zu gehen.

Für Papa

Für den Vater, der den eigenen zu früh verlor.

Der kein Vorbild hatte,

aber das Vatersein vorbildlich machte.

Für einen Geschichtenerzähler,

Ritter und Pirat.

Der selten nein sagte,

wenn man ihn um was bat.

Für einen Vater,

der zum Geburtstag Torten bäckt

und auch die eigenen Tränen nicht versteckt.

Als Mensch bist du sicher nicht die Perfektion,

doch als Vater gibt es keinen besseren für uns

als Tochter und Sohn.

Für meine Großeltern

Manchmal höre ich dein Lachen,

sehe dich Kopfschütteln

über all die Sachen,

all die Momente

in denen ich denke,

ich müsste mir Sorgen machen.

Heut' morgen hätte ich gerne

einen Kaffee mit dir getrunken.

In der kühlen Küchenstube,

wären wir in alten Geschichten versunken.

Du hättest von damals erzählt

und mir wär' bewusst geworden,

ich mach mir oft unnötig Sorgen.

Denn ich bin Nachfahrin

einer Kämpferin.

Damals hätte ich vielleicht

aufmerksamer zuhören sollen,

als du von damals erzähltest.

Denn nun spreche ich von dir im Damals.

Und hoffe, mich an alles zu erinnern,

damit das alte Wissen bewahrt wird.

Man sagt, dass der Mensch

den Verstand verliert,

und in seinen Gedanken

nur noch in der Vergangenheit irrt.

Doch was, wenn sich nur der Schleier lichtet,

und er uns Botschaften

von der Anderswelt berichtet.

Man sagt, dass er

keine Gesichter mehr erkennt,

die nähesten Nächsten scheinen ihm fremd.

Doch was, wen es ein leises Spurloswerden ist?

In der Hoffnung, dass man ihn

so weniger vermisst.

Deine Art Jause zu richten

für uns alle

ist deine ganz besondere Gabe.

So genüsslich und bedacht,

gibt selten jemanden,

der so schön Essen macht.

Nicht alles was wir essen, nährt,

es ist die Liebe - sie erhöht den Wert.

Drum ist das Jauserichten eine dieser Sachen,

die es gilt, mehr wie du zu machen.

Es ist wie es ist, sagt die Liebe.

Es ist, wie ich bin, sagt die Weisheit.

Es wird sein, wie ich es möchte, sagt die Göttlichkeit.